MANDAT DE DROIT PUBLIC

ET LA

THÉORIE JURIDIQUE DE L'ORGANE

PAR

L. DUGUIT

Professeur à la faculté de droit de l'université
de Bordeaux

PARIS

ANCIENNE LIBRAIRIE THORIN ET FILS

ALBERT FONTEMOING, ÉDITEUR

Libraire des Écoles Françaises d'Athènes et de Rome
du Collège de France, de l'École Normale Supérieure

4, RUE LE GOFF, 4

1902

LE

MANDAT DE DROIT PUBLIC

ET LA

THÉORIE JURIDIQUE DE L'ORGANE

Extrait de la *Revue générale du droit.*

TOULOUSE. — IMPRIMERIE A. CHAUVIN ET FILS, RUE DES SALENQUES, 28.

LE
MANDAT DE DROIT PUBLIC

ET LA
THÉORIE JURIDIQUE DE L'ORGANE

PAR

L. DUGUIT

PROFESSEUR A LA FACULTÉ DE DROIT DE L'UNIVERSITÉ
DE BORDEAUX

PARIS

ANCIENNE LIBRAIRIE THORIN ET FILS

ALBERT FONTEMOING, EDITEUR

Libraire des Écoles Françaises d'Athènes et de Rome
du Collége de France et de l'École Normale Supérieure

4, RUE LE GOFF, 4

1902

LE

MANDAT DE DROIT PUBLIC

ET LA

THÉORIE JURIDIQUE DE L'ORGANE [1]

L'Etat n'est pas une personne juridique ; l'Etat n'est pas une personne souveraine. L'Etat est le produit historique d'une différentiation sociale entre les forts et les faibles dans une société donnée. Le pouvoir qui appartient aux plus forts, individu, classe, majorité, est un simple pouvoir de fait, qui n'est point légitime par son origine. Les gouvernants, qui détiennent ce pouvoir, sont des individus comme les autres ; ils n'ont jamais, en leur qualité de gouvernants, la puissance légitime de formuler des ordres. Comme tous les individus, ils sont soumis à la règle de droit, qui trouve son fondement dans la solidarité sociale et s'impose à tous, gouvernants et gouvernés. Toute manifestation de la volonté gouvernante est légitime, quand elle est conforme au droit ; et les gouvernants peuvent alors légitimement mettre en jeu la plus grande force dont ils disposent parce qu'elle est alors employée à réaliser le droit. Les gouvernants n'ont point le droit subjectif de commander. Ils ont seulement le pouvoir objectif de vouloir conformément au droit et d'assurer par la contrainte la réali-

---

(1) Extrait de l'Introduction d'un ouvrage que M. Léon Duguit va publier à la librairie A. Fontemoing, sous ce titre : *L'Etat, les gouvernants et les agents* (Note de la Rédaction).

sation du droit. Telles sont les conclusions d'une précédente étude (1).

Notre but n'est point ici d'étudier l'évolution générale des formes politiques, et non plus de rechercher la meilleure forme de gouvernement. L'histoire des transformations politiques est un trop vaste sujet pour que nous osions l'entreprendre. La recherche du meilleur gouvernement est chimérique. C'est l'A, B, C, de la science politique que le meilleur gouvernement est en fait celui qui est le mieux adapté à la société qu'il régit pour remplir la mission qui lui incombe. Mais quelque variées que soient les formes politiques des Etats modernes, dans tous, cependant, se retrouvent un certain nombre d'institutions similaires : participation plus ou moins grande, plus ou moins directe de la nation à l'exercice de la puissance politique; existence de collèges, élus par un suffrage plus ou moins étendu, et appelés en général corps représentatifs ou parlements; présence d'un personnage, appelé chef de l'Etat, héréditaire ou électif, qui possède un pouvoir personnel plus ou moins grand ; enfin nombre d'agents et de préposés, institués de manières diverses, souvent par le parlement ou le chef de l'Etat, souvent élus, qui remplissent les multiples charges qui incombent à l'Etat moderne. La mission du juriste est assurément de déterminer la nature juridique de ces diverses institutions; et les publicistes modernes n'y ont point manqué. Mais, dominés par les notions étroites et artificielles de personnalité juridique et de droit subjectif, ils ont voulu faire rentrer dans ces vieux cadres les institutions politiques si variées et si complexes de l'Etat moderne. Aussi bien ils se sont trouvés en présence de difficultés inextricables. La puissance publique, disent-ils, est un droit, dont l'Etat, personne juridique, est le titulaire. Mais l'Etat exerce cette puissance par des agents. Ceux-ci n'ont-ils pas aussi un droit? Comment ce droit se concilie-t-il avec celui de l'Etat? Quel rapport de droit naît entre les agents et l'Etat? Questions sur lesquelles on amoncelle dissertations et discussions, sans pouvoir arriver à une solution satisfaisante, pour cette raison que l'Etat n'est pas une personne juridique, que la puissance

____

(1) *L'Etat, le droit objectif et la loi positive*, Paris, 1900 (Fontemoing, édit.).

publique n'est pas un droit subjectif. En partant d'une hypo-
thèse fausse, on ne peut point arriver au but cherché. Ce
n'est pas à dire que les institutions politiques ne puissent être
l'objet d'une construction juridique. Mais il ne faut point lui
donner le fondement artificiel de la personnalité juridique et
du droit subjectif; il faut l'établir sur la base positive et large
de la règle objective, du pouvoir objectif et de la volonté individuelle. Nous entreprenons de le démontrer, sans nous dissi-
muler d'ailleurs les difficultés et les objections, mais encouragé
par le bienveillant accueil fait à notre précédente étude.

I

L'Etat étant conçu comme une personne juridique les individus qui exercent la puissance publique, qui commandent ou
qui contractent dans l'intérêt public et au nom de l'Etat,
étant aussi des sujets de droits, l'idée est venue naturellement
à l'esprit de voir entre ces deux personnalités un rapport de
droit analogue à celui existant entre deux particuliers. Or,
depuis longtemps, les juristes ont tracé des cadres *a priori*
dans lesquels ils se sont efforcés de faire rentrer de gré ou de
force les relations sociales entre individus. Il leur a semblé que
nécessairement la situation des agents politiques devait trouver place dans l'un de ces cadres rigides. Parmi ces formes
juridiques, il en est une pour laquelle les juristes de tous les
temps ont eu une prédilection marquée; c'est le mandat et la
représentation qui en est la suite. Pris en son sens le plus
large, le mandat implique l'existence de deux personnes, dont
l'une, le mandant, est titulaire d'un droit, mais ne l'exerce
pas, dont l'autre, le mandataire, exerce le droit dont le mandant est titulaire : le mandataire agit soit parce qu'il a reçu
mission par un acte volontaire du mandant, soit parce que la
loi impose ou suppose cette mission. Peu importe; l'acte
juridique, fait par le mandataire, est accompli pour le compte
du mandant; et le mandataire exerce les droits du mandant.
Réduit à ces simples éléments, le mandat s'adaptait
aisément à de nombreux besoins pratiques, et avec leur
habileté bien connue les juristes romains surent l'appli-
quer à diverses situations auxquelles ils trouvaient ainsi le

moyen de donner une sanction. La chose était d'autant plus facile que de bonne heure le mandat avait été classé parmi les contrats consensuels; chacun sait qu'il a servi par exemple, avec la *procuration in rem suam*, à réaliser une cession de créance, avec le *mandatum pecuniæ credendæ*, à obliger une caution par un lien de bonne foi. Mais le mandat devait avoir dans l'histoire du droit une fortune plus heureuse encore. Le mandataire fait un acte pour le compte du mandant : il est obligé par la loi ou par le contrat à transmettre au mandant le bénéfice et les charges qui résultent de cet acte, les tiers ne connaissent que le mandataire; aucun rapport de droit ne naît entre eux et le mandant. Les conceptions juridiques ne devaient pas en rester là. Il fallait aller plus loin et déclarer que, lorsqu'un acte était fait par un mandataire, les choses se passeraient exactement de la même manière que si l'acte avait été fait par le mandant. Ce n'est qu'après de longs efforts qu'on put arriver à cette notion. Tous les romanistes ont mis en lumière la lente évolution qu'a suivie le droit romain à cet égard, les controverses entre les jurisconsultes, la lutte des idées novatrices et rétrogrades, le triomphe final de l'idée de représentation. La notion de représentation inventée, toute une série de conséquences en dérive. Le titulaire du droit mis en œuvre est le représenté; mais tout se passera comme si ce représentant était le sujet de ce droit. Le droit n'est point transmis; il reste sur la tête du représenté; il n'y a point d'aliénation; le représentant exerce un droit qui n'est point le sien; mais peu importe; les choses sont comme si le représentant était devenu titulaire de ce droit. L'acte de volonté émane du représentant; c'est lui qui veut et non point le représenté; il veut à l'insu du représenté et peut-être même contrairement à ce qu'aurait voulu celui-ci; peu importe; la manifestation volontaire du représentant produit exactement les mêmes effets que celle du représenté; les effets de droit sont identiquement les mêmes que ceux qu'aurait produit la volonté du représenté. Créée par la technique romaine, cette idée de représentation est passée dans le droit commun de l'Europe moderne.

Tout cela n'est assurément que fiction. Mais fiction féconde, qui a permis de donner la forme juridique à maintes relations sociales. Nous sommes loin de méconnaître le rôle considérable, et, à tout prendre, heureux de la fiction dans l'élaboration des idées juridiques. Mais le tort des juristes modernes est de s'attarder dans ces voies anciennes. On a essayé de montrer ailleurs que lorsque l'acte volontaire d'un individu produisait des effets au profit ou au détriment d'un autre individu, il n'était point nécessaire, pour l'expliquer, de recourir à la fiction de la représentation, qu'il n'y avait là que la conséquence normale de la solidarité sociale, fondement de tous rapports sociaux et de toutes règles de droit; toute volonté, déterminée par un but conforme au droit objectif, produit un effet de droit, dont profite ou l'individu qui l'exprime, ou tout autre élément qu'a en vue celui qui veut, pourvu toutefois que le profit assuré à cet élément, soit conforme à la règle de droit. Celui qu'on dit agir pour un autre ou représenter un autre, n'exerce point le droit d'un autre; car ce qu'on appelle un droit ne peut être qu'un pouvoir de vouloir, pouvoir objectif ou pouvoir déterminé par une situation juridique subjective. On peut vouloir telle chose, soit au profit de soi-même, soit au profit d'un autre. On veut ou on ne veut pas; mais on ne peut vouloir comme si un autre voulait. On ne peut exercer le droit d'un autre, puisque ce serait exercer le pouvoir de vouloir de cet autre. Quand on veut légitimement, on exerce toujours son droit propre; car on manifeste sa volonté et non la volonté d'un autre, et l'exercice d'un droit est toujours une manifestation de volonté. L'idée de représentation est donc fausse en soi, puisqu'elle a pour point de départ une chose fausse.

Néanmoins cette notion devait séduire les esprits modernes. Il semble qu'heureux et fiers du long effort qui avait enfanté cette idée, les hommes du dix-neuvième siècle se soient complus à voir en elle la solution de tous les problèmes juridiques et politiques. Inventée pour expliquer et sanctionner certains rapports de droit privé, la notion de représentation reçoit une prodigieuse extension, dès qu'apparaît la nécessité de formuler une théorie juridique des relations politiques. Nulle part plus qu'en France cette idée de la représentation n'occupe une large place dans la théorie juridique de l'Etat, bien que le vrai fondateur de la doctrine française moderne l'ait répu-

diée (1). Mais le prestige de la représentation était tel ; l'idée
en avait pénétré si profondément tous les esprits, qu'on renia
sur ce point le *credo* du *Contrat social*.

Au moment où s'ouvre la Révolution de 1789, les notions
de mandat et de représentation étaient dans tous les esprits.
Fortes d'un long passé historique, elles n'avaient contre elles
que les doctrines du *Contrat social*. La critique pénétrante de
Rousseau avait montré tout ce qu'il y avait de fictif dans la
représentation : la volonté est la personne elle-même ; elle ne
peut pas s'aliéner ; elle ne peut être représentée pas plus
qu'elle ne peut être aliénée. Toute volonté, qui veut être représentée, s'aliène et, par conséquent, se détruit elle-même.
« La souveraineté ne peut être représentée, par la même raison qu'elle ne peut être aliénée ; elle consiste essentiellement
dans la volonté générale, et la volonté ne se représente point :
elle est la même ou elle est autre ; il n'y a point de milieu.
Les députés du peuple ne sont donc ni ne peuvent être des
représentants ; ils ne sont que ses commissaires ; ils ne peuvent rien conclure définitivement. Toute loi que le peuple en
personne n'a pas ratifiée est nulle ; ce n'est point une loi.
Le peuple anglais pense être libre ; il se trompe fort ; il ne
l'est que pendant l'élection des membres du parlement : sitôt
qu'ils sont élus, il est esclave, il n'est rien. Dans les courts
moments de sa liberté, l'usage qu'il en fait mérite qu'il la
perde... A l'instant qu'un peuple se donne des représentants,
il n'est plus libre, il n'est plus (2). »

Malgré le prestige de son auteur, malgré sa rigueur logique,
cette théorie ne devait point triompher devant l'Assemblée
constituante de 1789. A la fois conservatrice et révolutionnaire,
la grande assemblée empruntait à Rousseau le dogme de la
volonté nationale souveraine, à la tradition, à la constitution
anglaise dont Montesquieu avait vanté la perfection, le principe de la représentation. L'application s'en fit sans difficulté
au corps législatif élu par les citoyens actifs. La théorie de
Sieyès sur ce point, après avoir rencontré quelques objections,

_____

(1) J.-J. Rousseau, *Contrat social*, livre III, chap. xv.
(2) *Contrat social*, liv. III, chap. xv (Œuvres complètes, Paris, 1895, t. II,
p. 235).

réunit bientôt tous les suffrages. Dans le mois d'août 1789 l'Assemblée nationale votait la Déclaration des droits dont l'article 3 était ainsi conçu : « Le principe de toute souveraineté réside essentiellement dans la nation; nul corps, nul individu ne peut exercer d'autorité qui n'en émane expressément. » Ainsi tous les mandats spéciaux et individuels donnés par les différents baillages, aux députés des trois ordres, disparaissent. Les ordres ne sont rien; les circonscriptions électorales ne sont rien; la nation est une, indivisible et souveraine. S'il y a un mandat donné, ce ne peut être que par la nation tout entière à l'Assemblée législative prise en corps et conçue, elle aussi, comme une personne. Sans doute on ne peut faire abstraction des députés pris individuellement. En fait, ils sont nommés par telle ou telle circonscription ; mais ces circonscriptions ne sont établies que pour procéder à l'élection. Les députés sont les fondés de pouvoir de la nation tout entière. Un mandat est donné par la nation, personne souveraine, à l'Assemblée, elle aussi personne qui représente la nation (1).

Ainsi le vieux principe du mandat et de la représentation apparaissait avec une forme nouvelle ; mais c'était toujours le même principe. On ne s'apercevait pas d'ailleurs qu'en lui donnant cette forme et cette portée, on créait un dualisme dans l'État, que l'on déclarait un et indivisible. Rousseau l'avait bien compris. En écartant toute représentation, il maintenait énergiquement et logiquement l'unité de la personne État. Les constituants de 1791 ou bien aboutissaient à l'aliénation de la souveraineté, ou bien violaient le principe de son unité, puisqu'ils créaient deux personnes souveraines, l'une la nation titulaire de la souveraineté, en quelque sorte par droit de naissance, l'autre le corps législatif par droit de représentation. Si cette théorie n'avait eu pour fondement que les déductions métaphysiques de Sieyès (2), elle n'aurait peut-être pas triomphé, ou n'aurait eu qu'un triomphe éphémère. Mais elle

(1) Constitution de 1791, tit. III, chap. I, section III, art 7.

(2) Voir Sieyès, *Qu'est-ce que le Tiers?* p. 72 et suiv., Paris, 1789 ; — divers discours de Sieyès, *Archives parlementaires*, 1ʳᵉ série, t. VIII, p. 463, 466, 593-595. — Cf., sur tous ces points, l'excellent livre de M. Dauduraud, *Le mandat impératif*, 1896, p. 6 et suiv.

était le produit d'un long passé historique ; elle était une adroite conciliation des théories de Rousseau et des nécessités pratiques ; elle respectait le dogme de la souveraineté nationale une et indivisible, et elle évitait les aventures d'une consultation directe du peuple ; elle donnait satisfaction aux tendances à la fois conservatrices et révolutionnaires de la Constituante et des assemblées qui allaient lui succéder ; elle répondait, à tout prendre, aux aspirations politiques de la France. Aussi cette théorie, appelée souvent théorie du mandat représentatif (expression que nous acceptons quoique obscure et inexacte), est-elle restée, au milieu de toutes nos révolutions, comme un dogme intangible de notre droit positif, consacré dans l'article 13 de notre dernière loi électorale.

Depuis 1791 la notion de représentation par mandat est devenue l'idée maîtresse de notre droit public positif. Elle n'a eu que de rares et courtes éclipses, pour reparaître bientôt plus vivante. Aujourd'hui encore, le droit politique de la France repose tout entier sur cette formule : le peuple en son entier, réalité personnelle, distincte des individus qui le composent, la nation personne est titulaire de la souveraineté ; elle l'exerce par des mandataires, qui la représentent au sens juridique du mot. Ces mandataires sont : le parlement auquel la nation délègue le pouvoir législatif ; le président de la République auquel la nation délègue le pouvoir exécutif ; lui aussi est un mandataire, revêtu du caractère représentatif ; depuis 1789 le chef du pouvoir exécutif a ce caractère en France ; aucun texte de nos lois actuelles n'autorise à dire qu'il lui a été retiré. En un seul point, peut-être, la conception traditionnelle de la représentation a été abandonnée ; il n'est pas bien sûr que l'ordre judiciaire ait encore le caractère représentatif ; peut-être n'est-il qu'une autorité, subordonnée, comme l'autorité administrative, au pouvoir exécutif, avec certaines garanties d'indépendance, établies dans l'intérêt des justiciables. Sous cette réserve, dans le droit positif de la France, au commencement du vingtième siècle, le mandat et la représentation sont les formes juridiques dans lesquelles sont encore cristallisées les forces politiques.

II

Ce n'est pas d'aujourd'hui que de bons esprits ont compris tout ce que ces formes rigides et vieillies avaient d'incompatible avec les besoins modernes, avec les phénomènes politiques et sociaux de notre temps. Le réalisme anglais est arrivé à créer une organisation politique entièrement dégagée de théories juridiques sur la nature de l'État, du parlement, du ministère. Il n'a d'autre but que d'organiser un système pratique devant assurer le plus complètement possible la grandeur de l'empire britannique. En France aussi, depuis 1870, on a facilement oublié les tendances théoriques et spéculatives de la Révolution. On les qualifie souvent, même au parlement, du terme dédaigneux de métaphysique politique. Elles paraissent bonnes tout au plus à occuper les loisirs des idéologues. Mais l'homme politique doit les ignorer, car, dit-on, les faits politiques et sociaux ne sont autre chose que les manifestations de forces aveugles, et l'art politique consiste seulement à les agencer le plus habilement possible, tout au plus à les coordonner, pour que, au lieu de s'annihiler, elles s'ajoutent les unes aux autres et se complètent. La vieille conception du mandat de droit public doit donc être écartée; aucune théorie nouvelle ne doit la remplacer; elle serait, elle aussi, artificielle et caduque.

Mais l'esprit humain, parvenu à un certain degré de culture, ne peut se contenter d'une solution aussi négative. Il a le besoin impérieux de créer une synthèse dogmatique des manifestations phénoménales, et de faire rentrer dans les formes de la pensée logique les faits politiques des sociétés contemporaines. De ce besoin propre à toute civilisation raffinée, est née une théorie curieuse, merveilleusement construite, et paraissant s'adapter aux faits politiques bien mieux que la conception du mandat représentatif : c'est la théorie juridique de l'organe. On ne la confondra point avec les doctrines organiques, qui, à un moment donné, ont eu tant de crédit dans le monde des sociologues. Peut-être la conception organique des sociétés a-t-elle suggéré la théorie juridique de l'organe. Cependant les deux théories n'ont de commun que le nom : l'une avait la prétention de déterminer en fait et par l'observation la nature interne des sociétés ; l'autre est une construction de logique juridique. Sans doute, elle prétend s'appuyer sur les faits ; mais elle en donne la traduction dans une formule exclusivement juridique. Gierke en est le créateur (1), et Jellinek (2) l'a précisée et développée dans son application spéciale à l'Etat. En France, elle a toutes les sympathies des jeunes publicistes (3).

Les collectivités sont des personnes juridiques, susceptibles comme les personnes individuelles d'être sujettes de droits et grevées d'obligations. Voilà le postulat. Or, ou bien le droit n'est qu'une volonté protégée, ou bien le droit naît en dehors de la volonté, mais ne peut s'exercer et se traduire à l'extérieur que par un acte de volonté. Dans tous les cas, une personne juridique, soit pour la création de ses droits, soit pour leur exercice, doit avoir une volonté. Là où il n'y a pas de volonté, il n'y a pas de droit effectif. Or, de volonté, il n'y en a que chez l'individu humain. Ce seront donc des individus humains qui exprimeront la volonté des personnes collectives. Cela posé, l'organe n'est autre chose que l'individu humain, qui traduit à l'extérieur la volonté de la personne collective. Telle est, réduite à ses éléments simples, toute la conception juridique de l'organe. L'organe, si l'on veut, est un représentant de la personne collective, mais il n'est point un mandataire. Le mandat implique l'existence de deux personnes, la personne du mandant et la personne du mandataire. La notion d'organe implique, au contraire, l'existence d'une seule personne, la personne collective agissant par ses organes. De même que ne peuvent point être détachés de la personne humaine son cerveau, ses yeux, sa langue, et que ce tout ne fait qu'une personne ; de même les organes des personnes collectives ne peuvent point être détachés d'elles-mêmes, et le tout ne fait qu'une seule et unique personne juridique. La collectivité, personne juridique, n'agit point par un mandataire autre

(1) Gierke, *Genossenschafts theorie*, 1887.
(2) Jellinek, *Allgemeine Staatslehre*, 1900.
(3) Saripolos, *La démocratie et l'élection proportionnelle*, 1899 ; — Mestre, *Les personnes morales et le problème de leur responsabilité pénale*, 1899.

personne juridique ; elle agit et veut par ses organes ; c'est une seule et même personne qui veut et agit. Entre le mandant et le mandataire, il y a un rapport de droit ; entre la collectivité et l'organe, il n'y en a point ; un rapport suppose deux termes ; un rapport de droit implique deux personnes ; ici, il n'y en a qu'une. Il n'y a qu'une seule entité juridique, la collectivité organisée, la collectivité pensant et voulant par ses organes.

Mais, peut-on dire, les organes des personnes individuelles ne peuvent point servir de support à une construction juridique. Comment et pourquoi en est-il autrement des organes des personnes collectives ? Gierke a prévu l'objection. « La personnalité humaine, » dit-il, « qui, en son unité psychique, indivisible et indissoluble, échappe à toute perception de sens, intervient toujours dans le monde sensible par le moyen d'organes corporels, et n'est saisie que par l'abstraction comme le vrai sujet du vouloir et de l'agir, et cela dans la vie juridique comme dans tous les rapports de vie. » Mais l'organe de l'être individuel humain ne peut évidemment servir de support à une notion de droit. L'organe de l'être individuel ne peut se détacher, même par la pensée de l'individu lui-même. « Les organes des personnes individuelles, même dans la vie juridique, agissent simplement d'après l'ordonnancement naturel de l'organisme individuel humain, comme instrument de l'unité psychique qui l'anime. Les personnes collectives ont aussi des organes par lesquels seulement elles peuvent vouloir et agir, par lesquels elles acquièrent des droits et sont grevées d'obligations, par lesquels elles exercent leurs droits et accomplissent leurs obligations. Mais ces organes des personnes collectives sont des individus ou des groupes d'individus, c'est-à-dire sont eux-mêmes des personnes juridiques. Les instruments du *vouloir* et de l'*agir* des personnes collectives sont eux-mêmes des personnes juridiques, soit des personnes individuelles, soit des personnes collectives ; et dans ce dernier cas ces personnes collectives organes ont elles-mêmes des organes, personnes individuelles ou personnes collectives. » Par suite, la notion d'organe d'une personne collective devient une notion de droit, puisque ces organes sont des personnes juridiques. Ainsi la notion d'organe est une notion propre au droit corporatif et étrangère au droit objectif individuel. La règle de droit, applicable aux personnes individuelles, ne pénètre pas dans l'essence interne de la personne individuelle; elle ne peut pas séparer l'individu de ses organes par lesquels elle veut et agit; la règle de droit se borne à limiter les manifestations externes de la volonté individuelle. Au contraire, la règle de droit pénètre dans l'essence interne des personnes collectives; les organes par lesquels elles manifestent leur volonté sont ou un des membres ou un groupe des membres qui les constituent; ces membres ou ces groupes de membres sont eux-mêmes des personnes juridiques. Ainsi la notion d'organe des personnes collectives tombe bien sous la prise du droit (1). Les règles qui déterminent la structure et la limite d'action de ces organes formant ce qu'on peut appeler, au sens tout à fait général du mot, le droit *constitutionnel*, ou plus exactement le droit *organique* (2).

Telle est la notion juridique de l'organe au point de vue de la règle objective. Mais l'organe apparaît aussi comme notion de droit au point de vue subjectif. Cela demande une précision. Dans l'individu ou le groupe d'individus existant comme organe, il faut distinguer très nettement deux qualités. D'abord, cet individu ou ce groupe d'individus forment un organe de la collectivité; comme tel, l'organe n'est titulaire d'aucun droit subjectif; il a seulement un pouvoir objectif, la compétence déterminée par le droit *organique*, pour exercer dans une certaine sphère les droits subjectifs de la corporation ou acquérir à celle-ci des droits et des obligations. « La personne-membre représente comme organe, dans les limites de sa fonction, déterminées par le droit constitutionnel, la personne collective, *juridiquement*, comme les yeux pour la vue, les mains pour le toucher, représentent l'homme. Par l'organe agissant et voulant, c'est l'être collectif qui veut cet objet, si bien que, dans les circonstances déterminées par le droit constitutionnel, le *vouloir* et l'*agir* du membre organe de la corporation, lequel est visible, coïncide juridiquement, absolument avec le vouloir et l'agir de la personnalité corporative, laquelle est invisi-

---

(1) Voir Gierke, *Genossenschafts theorie*, 1887, p. 608 et suiv.
(2) Gierke, *Jahrbücher* de Schmoller, t. VII, 1883, p. 1139.

ble (1). » Mais, d'autre part, dès que la qualité de support d'organe a été établie, conformément au droit objectif, relativement à un individu ou relativement à un groupe d'individus, un droit subjectif naît au profit de cet individu ou de ce groupe. Ce droit n'est point le droit subjectif de manifester la volonté et de réaliser l'action de la corporation, lequel droit a pour sujet non pas l'organe, mais la corporation. C'est la compétence, pouvoir objectif de l'organe. L'individu ou le groupe d'individus, établi comme organe, conformément au droit objectif organique, à un droit *subjectif* à la reconnaissance de la qualité d'organe. Donc, l'individu ou le groupe d'individus constitué organe d'une corporation, soit directement par la loi, soit par une nomination faite conformément à la loi, présente un double aspect. Il est un organe, et possède comme tel une certaine compétence; cela n'est point un droit subjectif de la personne organe, mais seulement le pouvoir d'exercer les droits dont la corporation est titulaire. En second lieu, la personne constituée organe a un droit subjectif à être reconnu comme organe, et ce droit elle l'a contre tout le monde, contre la corporation personne juridique, contre tous les individus, pris séparément et dont l'ensemble forme la personne corporative (2).

Cette théorie juridique de l'organe sera complète quand on aura marqué les différences qui séparent l'organe et le mandataire. Le mandat implique, on l'a déjà dit, l'existence de deux personnalités juridiques, celle du mandant et celle du mandataire. Dans le mandat, il y a deux volontés distinctes, et lorsque le mandataire fait un acte pour le mandant, c'est bien réellement la volonté du mandataire qui est exprimée. Directement ou indirectement, les effets juridiques produits par cette volonté du mandataire peuvent se réaliser sur la tête du mandant. Peu importe ; c'est bien réellement une manifestation de la volonté du mandataire qui a eu lieu. Au contraire, la notion d'organe implique l'existence d'une seule volonté, celle de la corporation organisée. Lorsque l'organe fait un acte

---

(1) Gierke, *ibid.*, p. 1139.
(2) Jellinek, *System der subjektiven öffentlichen Rechte*, 1892, p. 134. — Cf. le passage très important de son ouvrage intitulé : *Allgemeine Staatslehre*, 1900, p. 512.

juridique, ce n'est pas la volonté de l'organe qui se manifeste à l'extérieur, c'est la volonté de la corporation organisée, à la condition, bien entendu, que l'organe agisse dans les limites de sa compétence. Aucun rapport de droit ne naît entre la corporation comme telle et l'organe comme tel. La corporation sans organe est le néant, et l'organe sans une corporation, dont il exprime la volonté, cesse d'exister en tant qu'organe. Or, il ne peut y avoir de rapport de droit entre deux néants. Sans doute, on l'a vu, l'individu ou le groupe d'individus, support de l'organe, est une personne juridique susceptible d'être sujet des droits et des obligations qui naissent pour et contre elle à l'occasion de sa qualité de support d'organe ; mais ce n'est pas l'organe qui est sujet de ces droits et de ces obligations, c'est l'individu support de l'organe.

III

Mandat représentatif ou situation d'organe, telles sont les formes juridiques dans lesquelles on a essayé de faire rentrer toutes les relations naissant des institutions politiques, administratives et judiciaires des peuples modernes. Forte d'un long passé, merveilleusement adaptée à l'esprit latin, amoureux d'unité et de simplicité, la notion du mandat est toujours dominante dans la doctrine française et les législations positives issues de la Révolution. Plus subtile et plus abstraite, parfaitement adaptée à la notion toute germanique de corporation, la théorie de l'organe juridique est un produit en quelque sorte spontané de la pensée allemande, et elle a trouvé au delà du Rhin un sol particulièrement propice à son plein développement.

A en croire de bons esprits, on détruirait le droit public jusque dans ses premiers fondements, si l'on ne faisait rentrer toutes les solutions dans le cadre étroit du mandat ou de l'organe, si l'on ne voyait dans un gouvernant, dans un fonctionnaire, un mandataire de la nation, de l'Etat, ou bien un organe de la collectivité corporative qu'est l'Etat. S'il en était ainsi, et s'il nous fallait forcément opter entre l'une ou l'autre de ces conceptions, nous n'hésiterions pas et nous accepterions assurément la théorie juridique de l'organe. Mais l'une et l'au-

tre doctrines impliquent la reconnaissance de l'Etat comme
personne ; or, cette personnalité de l'Etat, nous l'avons niée (1).
A tort ou à raison, nous restons toujours convaincu qu'en faisant de l'Etat une personne, on amoncelle fictions sur fictions,
abstractions sur abstractions qu'on sort de la réalité des faits
pour créer un monde imaginaire et qu'on accumule à plaisir
les difficultés. Le droit public moderne ne sera vraiment constitué que lorsque, laissant de côté abstractions ou fictions, les
juristes se placeront uniquement en présence des faits. L'une
et l'autre, la théorie du mandat représentatif et la théorie de
l'organe juridique reposent sur un postulat indémontré et in-
démontrable, et de plus inutile. Elles impliquent qu'une certaine personne collective est titulaire de la puissance publique,
conçue comme un droit subjectif. Or, cela n'est pas, ne peut
pas être.

Si cependant nous acceptons un instant le postulat de la
personnalité de l'Etat, la théorie juridique de l'organe nous
paraît mériter assurément la préférence. Ce n'est pas que la
conception du mandat, appliquée aux gouvernants et aux divers
fonctionnaires de l'Etat, ne présente quelques avantages.
Depuis des siècles, l'esprit des juristes est accoutumé à cette
idée de la représentation du mandant par le mandataire.
Dans le droit privé, le mandat est une forme juridique qui
paraît appartenir au droit commun des peuples civilisés, et à
laquelle s'adaptent facilement beaucoup de rapports de droit
naissant entre les particuliers. Il semble donc que le mandat
et la représentation qui en découle, aient l'avantage de donner
une forme une à des rapports importants de droit public et de
droit privé. Sans doute, on reconnaît que toutes les règles du
mandat de droit privé ne sont point applicables au mandat
de droit public, que par exemple, la révocation du mandataire,
l'obligation du mandataire de rendre compte à son mandant,
n'ont pas, ne peuvent pas avoir en droit public les mêmes
sanctions qu'en droit privé. Mais cette réserve faite, on affirme
qu'on se trouve en présence de ces faits : une personne est
titulaire d'un droit, la puissance publique, cette personne
étant le monarque dans la monarchie de droit divin, le peuple

____

(1) Voir notre volume : *L'Etat, le droit objectif et la loi positive*, 1900.

personnifié dans les démocraties modernes; cette personne n'exerce pas elle-même le droit dont elle est titulaire; il est exercé en son nom par une autre ou plusieurs autres personnes : les effets de l'acte sont les mêmes que s'il avait été fait par le titulaire du droit, le titulaire de la puissance publique. Or, dit-on, il y a longtemps qu'on a trouvé la forme juridique de ces faits ; c'est le mandat et la représentation qui en résulte. Et tout ainsi paraît très simple.

Mais, si l'on va un peu plus loin, on s'aperçoit bientôt que la simplicité n'est qu'apparente, que le problème n'est point résolu, que les difficultés se pressent de toute part. Déjà Rousseau et ses fidèles avaient justement observé que la volonté ne se représente pas et qu'il est contradictoire d'affirmer en même temps que la souveraineté est inaliénable et qu'elle s'exerce par représentation. Mais, de plus, les juristes de l'Allemagne moderne l'ont nettement montré, la notion de représentation et de mandat implique l'existence de deux personnes juridiques distinctes, la personne du mandant et la personne du mandataire, on affirme d'autre part l'unité et l'indivisibilité de l'Etat. Et, en effet, s'il est une personne, il est *un*. En admettant qu'un individu, un groupe ou la collectivité tout entière est titulaire de la puissance publique et en délègue l'exercice au gouvernement, pris au sens général du mot, on crée une véritable dualité dans l'Etat. On divise l'Etat en deux personnes, l'Etat titulaire du pouvoir originaire, l'Etat titulaire du droit d'exercer ce pouvoir. Or, le titulaire de la puissance politique avec toutes ses prérogatives, de la puissance politique en soi et en action, est une personne une et indivisible que l'on appelle précisément l'Etat. De deux choses l'une, ou l'on voit dans la personne titulaire de la souveraineté originaire une personne distincte de l'Etat, et alors on crée dans le monde politique une dualité qui ne s'explique pas, et qui est en désaccord avec tous les faits que l'on veut précisément expliquer par la notion de l'Etat-personne; ou bien on veut fondre en une personnalité unique l'élément titulaire de la souveraineté originaire et le gouvernement titulaire du droit de l'exercer, et alors on aboutit à la notion juridique de l'organe, à l'Etat-personne juridique une et individuelle, voulant et agissant par des organes.

Au reste, cette théorie juridique de l'organe est merveilleusement construite ; elle est d'une élégance juridique achevée, qui eût fait envie aux juristes les plus consommés de la vieille Rome. Elle s'adapte facilement à la conception moderne de l'Etat corporatif. Dans toute corporation, c'est-à-dire dans toute association assez fortement intégrée pour constituer une personne juridique, elle voit un élément un et indivisible. Les actes de l'organe ne sont point ceux d'un individu agissant pour le compte d'un autre ; ils sont ceux de la corporation agissant et voulant elle-même, créant directement des effets de droit par sa propre volonté et responsable directement. Ainsi l'unité de la personne corporative reste parfaitement intacte. Appliquée à l'Etat, la théorie juridique de l'organe aboutit aux mêmes résultats. L'Etat est et reste une personne corporative et indivisible, seule titulaire de la puissance publique ; les gouvernants, les fonctionnaires, les nations, les parlements, les chefs d'Etat sont des individus qui expriment la volonté de l'Etat ; ce ne sont pas eux qui veulent et agissent ; c'est l'Etat qui veut et agit par eux. Il y a entre eux et l'Etat une union intime et indissoluble, aussi étroite que celle de l'homme individuel et de ses organes. Tous les faits politiques modernes, et notamment l'irresponsabilité des chefs d'Etat et des parlements, la responsabilité directe de l'Etat vis-à-vis des particuliers s'expliquent facilement. Cette forme juridique nouvelle, l'organe, semble offrir ainsi un cadre à la fois assez fixe pour servir de fondement à une construction juridique solide, assez souple et assez vaste pour englober les phénomènes si complexes et si divers du monde politique moderne.

Cependant, nous ne saurions accepter cette théorie de l'organe. D'abord, elle suppose le postulat de la personnalité de l'Etat, que nous rejetons. En outre, appliquée à l'Etat, elle aboutit forcément à une impasse. Les organes appelés directs sont, dit-on, donnés directement par l'organisation même de la corporation, par la constitution même de l'Etat ; ils sont, ajoute-t-on, en réalité l'Etat lui-même, et sans eux il n'y a pas d'Etat. Nous répondons : si ce sont là des organes, il faut qu'il y ait derrière eux une volonté dont ils soient les organes ; ils n'existent comme organes que par cette volonté ; mais cette volonté est une volonté collective qui n'existe elle-même que par ses organes. Finalement, est-ce la volonté de l'Etat qui existe par les organes, ou sont-ce les organes qui exercent par la volonté de l'Etat? Impasse de laquelle on ne peut point sortir.

Ce n'est pas tout. Les organes directs dérivent directement de la constitution. Acceptons-le. Cette constitution émane elle-même de l'Etat. Elle est une manifestation de la volonté de l'Etat; or, pour exprimer sa volonté, il faut à l'Etat un organe ou plusieurs organes; il lui en faut au moins un. Donc il n'est pas vrai de dire que les organes directs dérivent directement de la constitution; ils sont créés par l'organe de l'Etat qui a compétence pour faire la constitution; d'après la terminologie de Jellinek, ils sont des organes créés par l'organe constituant, organe créateur. Mais l'organe constituant lui-même, d'où vient-il? Organe direct, il émane de la volonté de l'Etat; il sera lui aussi un organe créé par un autre organe. Et ainsi de suite. Où donc trouver l'organe véritablement direct et primaire, le premier organe de création? Nous n'apercevons que des organes créés, et le vrai problème du droit public est de saisir l'organe vraiment créateur. La théorie juridico-organique le passe sous silence; et c'est là son vice irrémédiable. On n'a point tout dit, ou mieux on n'a rien dit, quand on a déclaré que l'Etat est un, que ses organes, créés par lui, sont lui-même, expriment sa volonté et traduisent son activité. Il faut coûte que coûte arriver à montrer l'élément véritablement primaire générateur de tous ces organes. Cet élément ne peut être qu'extrinsèque à l'Etat. S'il est dans l'Etat, il est lui-même créé par l'Etat. Extrinsèque à l'Etat, il n'est pas un organe de l'Etat; c'est le titulaire de la souveraineté primaire, un monarque investi d'une mission divine, le peuple tout entier souverain de droit, parce qu'en commandant il ne commande qu'à lui-même suivant la formule de J.-J. Rousseau. Nous voilà donc ramenés à la doctrine traditionnelle d'un détenteur de la souveraineté originaire, distinct de l'Etat. Mais cette doctrine ne peut rendre compte des organisations politiques qu'en appliquant la notion de mandat; et on a vu plus haut tout ce que cette notion avait d'artificiel et de chimérique.

La situation est donc celle-ci. Ou bien on veut résoudre la

question de l'origine de la souveraineté, et on apporte la seule solution possible : l'affirmation d'un élément antérieur et supérieur à l'État lui-même, titulaire de la souverainté primaire, constituant l'État, et donnant par délégation des droits de puissance aux gouvernants qu'il institue ; alors, tout le droit public se résume dans une théorie du mandat et de la représentation, ce qui est inadmissible. Ou bien on accepte la doctrine juridico-organique ; alors on s'enferme dans un cercle vicieux infranchissable.

La conclusion de tout cela s'impose : les postulats dont on part sont faux ; faux le postulat de l'État-personne ; faux celui de la puissance droit subjectif ; fausses aussi, par conséquent, les déductions qu'on y rattache. Loin de nous cependant la pensée de méconnaître la nécessité d'établir une construction juridique des relations qui naissent dans les pays modernes entre les gouvernants et les agents. Gouvernants et particuliers sont soumis à la règle de droit ; cette règle de droit ne devient vraiment efficace que par une construction, qui doit être d'autant plus souple et résistante que les faits qu'elle embrasse sont plus divers et plus nombreux, que les hommes qu'elle lie sont plus puissants. La construction juridique est la caution du droit, et à tout prendre le degré de civilisation d'un peuple se mesure à son respect pour le droit. Nous essayons dans ce livre de construire juridiquement les principaux rapports politiques, en écartant résolument toute idée de mandat et d'organe. Puisse-t-il sortir de notre effort quelque parcelle de vérité !

Albert FONTEMOING, éditeur, 4, rue Le Goff, 4, à Paris

REVUE GÉNÉRALE
DU DROIT, DE LA LÉGISLATION
ET DE
LA JURISPRUDENCE

EN FRANCE ET A L'ÉTRANGER

Dirigée par MM.

C. APPLETON
Professeur à la Faculté de droit de Lyon

Alph. BOISTEL
Professeur à la Faculté de droit de Paris

J. BRISSAUD
Professeur à la Faculté de droit de Toulouse

E. BROCHER
Professeur à l'université de Genève

Th. DUCROCQ
Professeur honoraire de la Faculté de droit de Paris, Correspondant de l'Institut

E. LEFORT
Avocat à la Cour d'appel, Professeur libre, Barreau de Bordeaux

Fréd. MATHIEU
Ancien magistrat, Conseil d'État

Enrico FERRI
Député, Professeur à l'université de Rome

R. MISPOULET
Docteur en droit, Professeur

H. PASCAUD
Conseiller à la Cour d'appel d'Amiens

J. VALÉRY
Professeur à la Faculté de droit de Montpellier

Frederick POLLOCK
Professeur à l'université d'Oxford, Correspondant de l'Institut

AVEC LE CONCOURS D'UN GRAND NOMBRE DE PROFESSEURS, DE MAGISTRATS ET DE MEMBRES DU BARREAU FRANÇAIS ET ÉTRANGER

LA REVUE GÉNÉRALE DU DROIT

Paraissant tous les deux mois (depuis le 1er janvier 1877) par livraisons de chacune six feuilles (in nobis) grand in-8°, et formant à la fin de l'année un fort volume de 600 à 650 pages, imprimé sur beau papier et caractères neufs.

Le prix de l'abonnement est de 16 fr. pour la France et les pays faisant partie de l'Union générale des postes. Pour les autres pays, les frais de poste en sus. Prix du numéro donné séparément : 3 fr. 25.

Tout ce qui concerne la Revue doit être adressé (franco) à M. Albert FONTEMOING, éditeur propriétaire et gérant de la **Revue générale du droit**.

On s'abonne en province et à l'étranger chez les principaux libraires et dans les bureaux de poste.

www.ingramcontent.com/pod-product-compliance
Lightning Source LLC
LaVergne TN
LVHW051128060726
842526LV00006B/1957